51
Lb 3011.

AUX
ÉLECTEURS

DE LA FRANCE,

ET EN PARTICULIER

A CEUX

DU DÉPARTEMENT DE LA SEINE.

PARIS,

IMPRIMERIE-LIBRAIRIE DE G.-A. DENTU,

PALAIS-ROYAL, GALERIE VITRÉE, N° 13;

et rue des Beaux-Arts, n°s 3 et 5.

1840.

IMPRIMERIE DE G.-A. DENTU,
3 et 5, rue des Beaux-Arts.

AVERTISSEMENT.

J'avais adressé cet opuscule, sous forme de lettre, à l'Académie des Sciences morales et politiques; il n'est point parvenu à son adresse. Ayant consulté deux membres de l'Académie, l'auteur n'a point eu de réponse de l'un, et l'autre lui a dit qu'elle ne pouvait pas en faire l'objet d'une délibération. L'auteur l'a adressé à M. le président du Conseil d'Etat : même silence ; enfin, M. le président du Conseil des ministres, informé du sujet de la lettre et des démarches faites, et après l'observation de l'auteur, qu'il était préférable qu'un tel amendement vînt du gouvernement plutôt que du dehors, n'a pas été d'avis de le prendre en considération.

LETTRE

A L'ACADÉMIE DES SCIENCES MORALES ET POLITIQUES,

SUR UN AMENDEMENT

A LA LOI ÉLECTORALE.

Messieurs,

Une question politique d'une haute portée, et dont les conséquences peuvent devenir fort graves, la réforme électorale, occupe, agite les esprits, et sert de prétexte à des hommes mal-intentionnés ou avides de pouvoir, pour attaquer les intentions les plus pures du gouvernement et entraver sa marche constitutionnelle. Ces hommes suscitent contre lui des partis exagérés, qui se trouvant trop faibles dans leurs efforts en sens diamétralement opposés, se réunissent momentanément contre lui pour le renverser, sauf à lutter ensuite sur ses débris jusqu'à l'entière oppression de l'un d'eux. Trop préoccupé peut-être des dangers qui pourraient résulter d'une concession à des idées libérales, qu'il craindrait de voir ne pas suffire à calmer les esprits et dégénérer en un abandon complet des voies conservatrices de l'ordre et du bien public, le gouvernement semble repousser toute idée d'une telle concession, et se roidir dans le maintien absolu de son droit constitutionnel ; mais cette marche, aussi, a son danger. Le refus d'un amendement à la loi actuelle peut provoquer un conflit. La politique et la morale sont intéressées dans cette question, et c'est à vous, Messieurs, qu'il appartient d'éclairer et le gouvernement et la nation, sur la nature, sur l'extension des concessions devenues nécessaires pour le maintien des droits de tous et la protection de l'ordre public.

La vérité, Mesieurs, est l'objet de vos justes sollicitudes, et soit dans la philosophie, la morale, le droit ou l'économie politique, principes sur lesquels vous avez été constitués, c'est à vous qu'il appartient de la chercher et de la mettre en lumière pour le bonheur commun. C'est d'après ces considérations, Messieurs, que m'étant occupé depuis quelques années de recherches sur les questions morales, philosophiques et statistiques qui se rattachent à une loi électorale, j'ai cru devoir vous en soumettre le résultat avant de lui donner de la publicité : à vous, Messieurs, bien plutôt qu'aux comités qui se sont constitués pour cet objet, parce que malgré l'impartialité et le mérite reconnus des honorables citoyens, publicites et législateurs dont ils invoquent le patronage, il m'a paru qu'il y avait sous cette forme sinon une intention secrètement hostile, du moins un prétexte à la susciter, en franchissant des limites conservatrices. Vous verrez d'ailleurs, Messieurs, que dans mes recherches sur cet objet, je me suis éloigné le moins possible des bases posées par la loi qui nous régit actuellement.

Du vote individuel.

Tout homme parvenu à sa majorité a le droit naturel de veiller à ses intérêts et de concourir à la nomination des magistrats préposés par la loi pour les protéger ; mais l'éducation dont sont privés la plupart des citoyens qui n'ont qu'un travail manuel et journalier pour moyen de subsistance, ne leur permet ni d'acquérir assez de capacité pour faire de bons choix, ni d'y employer la moindre partie de leur temps. Pour eux, vivre et faire vivre leur famille, est le but, l'unique objet de tous leurs soins, de tous leurs soucis. Le législateur d'Athènes, pour leur conserver ce droit, avait jugé convenable de leur allouer une indemnité prise sur le trésor national ; mais cela n'empêcha pas le mal produit par l'élection déplorable d'hommes tels que les Créon et tant d'autres qui, par leurs flatteries, avaient su captiver les suffrages de la multitude, et mettaient la république en danger par leurs sottises et leur ignorance. Si donc la loi a privé du droit de suffrage toute une moitié du genre humain, se fondant sur ce que les affections et les devoirs qui remplissent toute sa carrière ne lui permettent pas de se livrer à d'autres occupations, il ne nous paraît nullement hors de propos d'agir d'une manière semblable à l'égard d'hommes n'ayant ni les moyens, ni le temps, ni même généralement la volonté de s'occuper d'autre chose que de leurs intérêts matériels les plus directs.

Du droit électoral.

La loi actuelle n'accorde le droit électoral, pour la nomination des députés à la Chambre législative, qu'aux citoyens payant 200 fr. de contributions directes, et aux pensionnaires de l'Etat à 1200 fr. ou plus, qui en paient au moins la moitié. Certaines fonctions ont, en outre, été reconnues donner la capacité électorale; mais tout cela ne nous paraît nullement suffisant, et cette formule générale ne nous paraît pas en harmonie avec les circonstances des diverses localités. 1° La loi n'admet pas tous les jurés, qui cependant sont appelés à décider de la vie des citoyens; 2° elle repousse des pensionnaires de 5000 fr. et au-delà, qui assurément ne peuvent manquer de capacité, d'après les fonctions élevées qu'ils ont exercées (1); 3° elle met sur la même ligne le contribuable à 200 fr. dans des départemens riches, tels que la Seine, Seine-et-Oise, Seine-et-Marne, et dans des départemens au dernier degré de richesse territoriale, tels que l'Ardèche, les Vosges, les Landes, la Corse, où l'individu qui paie 200 fr. de contribution directe se trouve quatre à cinq fois plus à l'aise, avec sa modique propriété, que l'électeur de Paris borné à 1000 fr. de revenu foncier. Ces considérations,

(1) J'ai moi-même pendant quelque temps cessé d'être électeur, avec 7000 f. de pension, ne payant pas tout-à-fait 100 f. de contributions; et maintenant avec 11000 f. de pension, je ne suis point éligible.

qui, je crois, n'ont pas encore été présentées par aucun publiciste, m'ont conduit à l'idée d'un classement des départemens, relatif au nombre des électeurs et des députés qu'il me semblerait bon de fixer d'après leurs nombres d'arrondissemens, supposés égaux en population, et d'après leur degré de richesse. Et ce degré, je l'ai déterminé de la manière la plus simple, par la cote individuelle de chaque département, qui n'est autre chose que le quotient de la contribution foncière de chacun d'eux, divisée par le chiffre de sa population.

C'est donc ainsi que la population de la France étant de 33,500,000 âmes, je la suppose divisée en trois cent trente-cinq arrondissemens de 100,000 âmes chacun, sous le seul rapport de la population, nommant chacun un député. Néanmoins il conviendra de statuer qu'il y aura, sous ce rapport, au moins deux arrondissemens dans les départemens des Hautes-Alpes et de la Lozère qui comptent moins de 150,000 âmes (1). On voit, dans le tableau ci-joint, le nombre de députés afférent à chaque département, d'après ce principe de la population.

(1) Pour compléter le nombre de trois cent trente-cinq députés, nous en avons accordé cinq au département de Seine-et-Oise, qui n'a que 449,582 âmes.

Maintenant il convient de tenir compte de la richesse progressive dans les départemens, depuis la Corse, où la cote individuelle est à peu près 1 fr. 70 c., jusqu'à celui de la Seine, où elle est d'environ 15 fr. 30 c., c'est-à-dire à très-peu près dans le rapport de 1 à 9 ; et l'on observera que la cote moyenne pour toute la France étant de 8 fr. 50 c., elle se trouve exactement le quintuple de la cote la plus basse, et commune à environ trente départemens. Si l'on suivait seulement le rapport de la population, en supposant le nombre des électeurs de la France de deux cent un mille, il faudrait former par exemple trois cent trente-cinq arrondissemens électoraux de six cents électeurs chacun, ou en conservant leur nombre actuel, quatre cent cinquante-neuf arrondissemens à quatre cent trente-huit électeurs, pour nommer dans le premier cas trois cent trente-cinq députés, et dans le second quatre cent cinquante-neuf; et l'on ne pourrait, dans cette supposition, arriver à des nombres convenables pour les départemens tels que la Corse, les Alpes, la Lozère et les Pyrénées, dont quelques-uns comptent beaucoup moins que trois cents électeurs par arrondissement. D'ailleurs, il résulterait de là que dans la Seine, qui compte près de seize mille électeurs, il y aurait pour ces deux cas, soit trente-trois, soit quarante-six députés à nommer. Ce serait donner, on doit en convenir, une trop grande influence à la richesse.

Il est un terme moyen à prendre, c'est celui qui donnera à la richesse progressive une ininfluence exactement proportionnelle à sa quotité comparée. On formera donc neuf classes de départemens, savoir :

1° Celle de la Corse, où la cote la plus faible est de. . . . . 1 fr. 70 c.

2° Celle de ce taux au double (où l'on ne trouve aucun département). 3 40

3° Celle de 3 fr. 41 c., au triple de la première. 5 10

On y trouve l'Ardèche, l'Arriége, Côtes-du-Nord, Corrèze, Creuse, Finistère, Landes, Basses et Hautes-Pyrénées, et Vosges.

4° Celle de 5 fr. 11 c. au quadruple, *idem*. 6 80

On y trouve l'Ain, Basses et Hautes-Alpes, Aveyron, Cher, Ille-et-Vilaine, Indre, Loire, Haute-Loire, Loire-Inf., Morbihan, Haut-Rhin et Haute-Vienne.

5° Celle de 6 fr. 81 c. à. . . .   8 fr. 50 c.

Où se trouvent l'Allier, Ardennes, Cantal, Charente, Dordogne, Doubs, Drôme, Isère, Jura, Lot, Lozère, Mayenne, Meurthe, Meuse, Moselle, Nièvre, Nord, Pas-de-Calais, Puy-de-Dôme, Pyrénées-Orientales, Bas-Rhin, Haute-Saône, Sarthe, Deux-Sèvres, Tarn, Var, Vaucluse, Vendée et Vienne.

6° Celle de 8 fr. 51 c. à. . . .   10   20

Où sont l'Aisne, l'Aube, l'Aude, Bouches-du-Rhône, Charente-Inférieure, Gard, Haute-Garonne, Gers, Gironde, Indre-et-Loire, Loir-et-Cher, Lot-et-Garonne, Maine-et-Loire, Manche, Marne, Haute-Marne, Orne, Rhône, Saône-et-Loire, Somme et Yonne.

7° Celle de 10 fr. 21 c. à. . .   11   90

Où sont Côte-d'Or, Hérault, Loiret, Tarn-et-Garonne.

8° Celle de 11 fr. 91 c. à. . .   13   60

Où sont Calvados, Eure, Eure-et-Loir, Oise et Seine-Inférieure.

9° Enfin, celle de 13 fr. 61 c. à 15 fr. 30 c. Où sont Seine-et-Marne, Seine-et-Oise et la Seine.

Il ne s'agit plus que d'indiquer les facteurs convenables qui devront multiplier les nombres de députés déduits de la population, pour leur donner leur valeur relative en richesse. Or, ces facteurs doivent être naturellement l'unité suivie d'une décimale correspondant au rang de chaque classe. Ainsi, les chiffres de la 1re classe seront multipliés par 1, 0, qui ne changent rien à leur valeur.

Ceux de la 2e classe, s'il y en avait, le seraient par 1, 1.

Ceux de la 3e classe seront multipliés par 1, 2; ce qui donnera pour le chiffre 4 du nombre de députés de l'Ardèche, 4, 8; ou en nombre entier, 5.

Ceux de la 4e classe seront multipliés par 1, 3; ce qui donnera pour le chiffre 3 de l'Ain, 3, 9; ou en nombre entier, 4.

Ceux de la 5e classe, par 1, 4; ce qui donnera, pour le chiffre 3 de l'Allier, 4, 2; ou en nombre entier, 4.

Ceux de la 6e classe, par 1, 5; ce qui donnera, pour le chiffre 5 de l'Aisne, 7, 5; ou 8.

Ceux de la 7ᵉ classe, par 1, 6; ce qui donnera, pour le chiffre 4 de la Côte-d'Or, 6, 4; ou 6.

Ceux de la 8ᵉ classe, par 1, 7; ce qui donnera, pour le chiffre 5 du Calvados, 8, 5; ou 9.

Ceux enfin de la 9ᵉ classe, par 1, 8; ce qui donnera, pour le chiffre 11 de la Seine, 19, 8; ou 20; et ainsi de suite pour les autres.

C'est assurément là le minimum de l'influence qui peut être attribuée à la richesse, qui, si elle était personnifiée, dirait : « Puisque vous accordez à cent cinquante citoyens de la Corse le droit de nommer un député, pourquoi la Seine, qui compte plus de quinze mille électeurs bien plus imposés, n'en nomme-t-elle pas cent ? »

Les nombres résultant de ces opérations, pour tous les départemens, sont portés sur le tableau ci-joint, et le nombre total des députés à nommer se trouve par-là de quatre cent quatre-vingt-douze; c'est-à-dire que le nombre de trois cent trente-cinq, affecté à la population, se trouve augmenté de cent cinquante-sept, relativement à la richesse, et supérieur en tout de trente-trois au nombre actuel des députés.

Les arrondissemens des départemens dont les nombres se trouvent ainsi augmentés par le rapport de la richesse, seront déterminés dans chacun d'eux par les conseils-généraux, tenus de se conformer aux principes ci-dessus exposés, et placés convenablement pour le faire. L'on évitera ainsi au ministère le reproche d'arbitraire qui pourrait lui être adressé, s'il restait chargé de cette détermination (1). Tous les cinq ans il serait fait une révision de cette répartition générale, afin d'y introduire les changemens qui résulteraient des modifications diverses dont la population et la richesse sont susceptibles.

Je crois être parvenu par ce travail à un résultat conforme à l'équité, et à une application juste de principes vrais et rendus sensibles à tous les esprits. Je crois pouvoir parvenir à déterminer, d'une manière aussi exacte et équitable, les nombres d'électeurs qui devront participer aux élections dans chacun des arrondissemens ainsi classés. En effet, si nous partons du nombre de seize mille électeurs du département de la Seine, devant nommer vingt députés, ne trouvera-t-on

(1) Il sera toujours facile de former des colléges électoraux égaux en nombre, dans un même département, en agglomérant un nombre convenable de cantons urbains ou ruraux. On aura le soin d'appeler les électeurs parmi les plus imposés destinés à les compléter, en faisant en sorte que dans chacun de ces colléges, les moins imposés aient des cotes semblables de contributions.

pas juste et naturel d'y former vingt arrondissemens à huit cents électeurs chacun, au lieu de ces quatorze arrondissemens dont les uns ne comptent que sept à huit cents électeurs, et d'autres plus de deux mille?

En appliquant en sens inverse le principe de progression par dixième, il conviendra que les départemens soient distribués, sous ce même rapport de richesse, dans un même nombre de classes, et que la classe la plus élevée contenant huit cents électeurs par arrondissement, ceux de la suivante n'en aient que sept cent vingt, puis les autres successivement six cent quarante, cinq cent soixante, quatre cent quatre-vingts, quatre cents, trois cent vingt; et enfin la dernière, qui ne contient que la Corse, cent soixante, la classe intermédiaire de deux cent quarante n'existant pas.

On sait que dans la Corse le nombre des électeurs à 200 fr. de contribution directe est fort petit, et que la loi actuelle y a admis les plus imposés des citoyens pour compléter un minimum de cent cinquante électeurs par arrondissement (1); les observations que j'ai consignées

---

(1) On remarquera avec quelle précision ce mode de procéder se rapproche de la loi qui a accordé cent-cinquante électeurs aux arrondissemens les plus faibles.

précédemment, à l'égard de l'aisance relative des citoyens dans ce département, doivent prémunir contre toute accusation d'exagération dans l'augmentation que je propose de cent cinquante à cent soixante électeurs.

Le nombre des électeurs pour toute la France se trouvera porté à deux cent cinquante-deux mille quatre cent-quarante ; nombre dans lequel il n'y a assurément aucune exagération dangereuse.

Dans ces nombres d'électeurs devront être d'abord inscrits tous les citoyens que leurs capacités reconnues doivent y faire admettre, et notamment tout pensionnaire de l'Etat à 1200 fr., quelle que soit sa cote de contribution directe ; car sa position est semblable et même supérieure à celle du contribuable à 200 fr., dont le revenu correspondant ne s'élève guère qu'à 1000 fr. Les arrondissemens électoraux seront ensuite complétés, suivant leur classement, par les plus imposés parmi les citoyens.

Le tableau ci-joint fait connaître les différences qui se trouvent entre les nombres actuels des députés des départemens et ceux qui résultent du travail ci-dessus. Trente-huit départemens auront le même nombre de députés ; ce sont : l'Allier, Ardennes, Aude, Aveyron, Bouches-du-Rhône, Cantal, Cher, Corrèze, Corse, Creuse, Dordogne, Drôme, Eure, Finistère, Gers, Gironde, Hérault, Ille-et-Vilaine, Indre, Jura, Loir-et-Cher, Loire, Loire-Inférieure, Loiret, Lot-et-Garonne, Lozère, Meurthe, Meuse, Moselle, Nièvre, Basses-Pyrénées, Pyrénées-Orientales, Haut-Rhin, Haute-Saône, Sarthe, Seine-et-Marne, Deux-Sèvres et Vosges. Vingt-quatre départemens en auront un de plus; ce sont : l'Aisne, Basses-Alpes, Hautes-Alpes, Ardèche, Arriége, Aube, Charente, Charente-Inférieure, Côte-d'Or, Côtes-du-Nord; Eure-et-Loir, Gard, Indre-et-Loire, Isère, Landes, Haute-Loire, Maine-et-Loire, Manche, Haute-Marne, Mayenne, Puy-de-Dôme, Saône-et-Loire, Seine-Inférieure et Yonne. Sept départemens en auront deux de plus; ce sont : Haute-Garonne, Nord, Oise, Pas-de-Calais, Bas-Rhin, Seine-et-Oise et la Somme. Un, le Rhône, en aura trois de plus. Un, la Seine, en aura six de plus; mais quinze en auraient un de moins; ce sont : l'Ain, Charente-Inférieure, Doubs, Lot, Marne, Morbihan, Orne, Hautes-Pyrénées, Tarn, Tarn-et-Garonne, Var, Vaucluse, Vendée, Vienne et Haute-Vienne.

Ces principes, bases de la répartition que je

propose, sont trop exacts, trop évidens pour être combattus par quelque considération que ce soit. Ils mettent en lumière l'arbitraire et la précipitation qui ont présidé à la détermination des chiffres fixés par la loi. Chaque députation, à l'époque de sa formation, combattait pour son département, faisant valoir alternativement sa population, sa richesse et la circonscription de ses arrondissemens. Et plusieurs ont obtenu, par leur persistance, des chiffres au-dessus de ce qui était juste et vrai. D'autres ont abandonné leurs droits, et particulièrement les députés de la Seine, dominés par l'accusation et la présomption injustes d'une trop grande faveur faite à cette grande et puissante agglomération de riches citoyens dans un si petit espace. Que tout rentre donc dans l'ordre, de part et d'autre.

C'est à vous qu'il appartient, Messieurs, si vous trouvez que mes principes sont vrais, certains, nécessaires, de leur donner hautement votre approbation, et d'en donner connaissance à l'autorité.

C'est à vous aussi qu'il est donné de discuter l'éligibilité, ses conditions et leurs conséquences. Vous considérerez sans doute que les votes des électeurs doivent être libres et pouvoir se porter, sinon sur l'universalité des citoyens, du moins sur tous ceux qui sont appelés aux fonctions électorales ; que dans ce cas une indemnité devient nécessaire pour le député élu, afin que le vote électoral ne se trouve pas restreint dans la limite des citoyens que leur fortune place dans la position aisée, au-dessus des frais d'un séjour de six mois dans la capitale, et afin qu'il puisse se porter sur le citoyen modeste, utile, consciencieux et dévoué, que la modicité de sa fortune éloigne à jamais, dans l'état actuel des choses, de la possibilité d'être utile à son pays.

J'ai l'honneur de vous saluer, Messieurs, avec la plus haute considération.

LE BARON BLEIN,
Maréchal-de-camp du génie en retraite.

Paris, ce 1ᵉʳ janvier 1840.

NUMEROS.	NOMS des DÉPARTEMENS.	POPULATION	CONTRIBUTIONS DIRECTES RÉUNIES.	Cote moyenne individuelle.	NOMBRE DE DÉPUTÉS. actuel.	d'ap. la populat.	d'ap. la richesse.	TOTAL.	NOMBRE d'électeurs. par arrondissem.	TOTAL.
		âmes.	francs.	fr. c.						
1	Ain,	346,188	2,223,000	6 46	5	3	1	4	400	1600
2	Aisne,	527,095	4,853,000	9 21	7	5	3	8	560	4480
3	Allier,	309,270	2,264,000	7 32	4	3	1	4	480	1920
4	Alpes (Basses-),	159,045	1,070,000	6 73	2	2	1	3	400	1200
5	Alpes (Hautes-),	131,162	871,000	6 65	2	2	1	3	400	1200
6	Ardèche,	353,752	1,625,000	4 55	4	4	1	5	320	1600
7	Ardennes,	306,851	2,319,000	7 55	4	3	1	4	480	1920
8	Arriége,	260,536	1,161,000	4 31	3	3	1	4	320	1280
9	Aube,	253,870	2,512,000	10 00	4	3	2	5	560	2800
10	Aude,	281,088	2,950,000	10 05	5	3	2	5	560	2800
11	Aveyron,	370,951	2,545,000	6 80	5	4	1	5	400	2000
12	B.-du-Rhône,	362,325	3,603,000	10 00	6	4	2	6	560	3360
13	Calvados,	501,775	6,562,000	13 12	7	5	4	9	720	6480
14	Cantal,	262,117	1,865,000	7 12	4	3	1	4	480	1920
15	Charente,	365,126	3,110,000	8 50	5	4	2	6	480	2880
16	Charente-Infér.,	449,649	4,232,000	9 54	7	4	2	6	560	3360
17	Cher,	276,853	1,772,000	6 40	4	3	1	4	400	1600
18	Corrèze,	302,433	1,533,000	5 10	4	3	1	4	320	1280
19	Corse,	207,889	349,000	1 70	2	2	0	2	160	320
20	Côte-d'Or,	385,624	4,465,000	11 57	5	4	2	6	640	3840
21	Côtes-du-Nord,	605,563	2,992,000	4 96	6	6	1	7	320	2240
22	Creuse,	276,234	1,279,000	4 63	4	3	1	4	320	1280
23	Dordogne,	487,502	3,569,000	7 31	7	5	2	7	480	3360
24	Doubs,	276,274	2,238,000	8 11	5	3	1	4	480	1920
25	Drôme,	305,499	2,201,000	7 19	4	3	1	4	480	1920
26	Eure,	424,762	5,523,000	13 00	7	4	3	7	720	5040
27	Eure-et-Loir,	285,058	3,663,000	12 85	4	3	2	5	720	3600
28	Finistère,	546,955	2,773,000	5 09	6	5	1	6	320	1920
29	Gard,	366,259	3,227,000	8 82	5	4	2	6	560	3360
30	Garonne (Haut.),	454,727	4,119,000	9 05	6	5	3	8	560	4480
31	Gers,	312,882	2,821,000	9 01	5	3	2	5	560	2800
32	Gironde,	555,809	5,582,000	10 04	9	6	3	9	560	5040
33	Hérault,	357,846	4,001,000	11 18	6	4	2	6	640	3840
34	Ille-et-Vilaine,	547,249	3,491,000	6 38	7	5	2	7	400	2800
35	Indre,	257,350	1,772,000	6 80	4	3	1	4	400	1600
36	Indre-et-Loire,	304,271	2,800,000	9 21	4	3	2	5	560	2800
37	Isère,	573,645	4,187,000	7 25	7	6	2	8	480	3840
38	Jura,	315,355	2,361,000	7 50	4	3	1	4	480	1920
39	Landes,	284,918	1,414,000	4 96	3	3	1	4	320	1280
40	Loir-et-Cher,	244,043	2,267,000	9 29	3	2	1	3	560	1680
41	Loire,	412,497	2,719,000	6 60	5	4	1	5	400	2000
42	Loire (Haute-),	295,384	1,776,000	6 02	3	3	1	4	400	1600
43	Loire-Infér.,	470,768	3,183,000	6 76	7	5	2	7	400	2800
44	Loiret,	316,189	3,267,000	10 34	5	3	2	5	640	3200
45	Lot,	287,003	2,218,000	7 72	5	3	1	4	480	1920
46	Lot-et-Garonne,	346,400	3,526,000	10 19	5	3	2	5	560	2800
47	Lozère,	149,733	389,000	6 96	3	2	1	3	480	1440
48	Maine-et-Loire,	477,270	4,372,000	9 16	7	5	3	8	560	4480
49	Manche,	594,382	5,880,000	9 89	8	6	3	9	560	5040
50	Marne,	345,245	3,451,000	10 00	6	3	2	5	560	2800

NUMÉROS.	NOMS des DÉPARTEMENS.	POPULATION	CONTRIBUTIONS INDIRECTES RÉUNIES.	Cote moyenne individuelle.	NOMBRE DE DÉPUTÉS.				NOMBRE d'électeurs.	
					actuel.	d'ap. la populat.	d'ap. la richesse.	TOTAL.	par arrondissem.	TOTAL.
		âmes.	francs..	fr. c						
51	Marne (Haute-),	255,969	2,428,000	9 50	4	3	2	5	560	2800
52	Mayenne,	361,765	2,621,000	7 26	5	4	2	6	480	2880
53	Meurthe,	424,365	3,206,000	7 56	6	4	2	6	480	2880
54	Meuse,	317,701	2,706,000	8 50	4	3	1	4	480	1920
55	Morbihan,	449,743(*)	2,573,000	5 78	6	4	1	5	400	2000
56	Moselle,	427,250	3,147,000	7 37	6	4	2	6	480	2880
57	Nièvre,	297,550	2,232,000	7 49	4	3	1	4	480	1920
58	Nord,	1,02,641	8,108,000	7 90	12	10	4	14	480	6720
59	Oise,	398,641	4,793,000	12 00	5	4	3	7	720	5040
60	Orne,	443,688	4,044,000	9 11	7	4	2	6	560	3360
61	Pas-de-Calais,	664,564	5,526,000	8 31	8	7	3	10	480	4800
62	Puy-de-Dôme,	589,438	4,197,000	7 13	7	6	2	8	480	3840
63	Pyrénées (Bass.-),	446,398	1,859,000	4 12	5	4	1	5	320	1600
64	Pyrén. (Haut-),	244,170	1,101,000	4 51	3	2	0	2	320	640
65	Pyrénées-Or.,	164,325	1,201,000	7 32	3	2	1	3	480	1440
66	Rhin (Bas-),	561,859	3,980,000	7 08	6	6	2	8	480	3840
67	Rhin (Haut-),	447,019	3,057,000	6 80	5	4	1	5	400	2000
68	Rhône,	482,024	4,500,000	9 34	5	5	3	8	560	4480
69	Saône (Haute-),	343,298	2,566,000	7 48	4	3	1	4	480	1920
70	Saône-et-Loire,	538,507	4,849,000	9 00	7	5	3	8	560	4480
71	Sarthe,	466,888	3,765,000	8 06	7	5	2	7	480	3360
72	Seine,	1,106,891	17,129,000	15 47	14	11	9	20	800	16,000
73	Seine-Inférieure,	720,525	8,906,000	12 35	11	7	5	12	720	8640
74	Seine-et-Marne,	325,881	4,794,000	14 70	5	3	2	5	800	4000
75	Seine-et-Oise,	449,582	6,169,000	13 71	7	5	4	9	800	7200
76	Sèvres (Deux-),	304,205	2,487,000	8 18	3	3	1	4	480	1920
77	Somme,	552,706	5,641,000	10 20	7	6	3	9	560	5040
78	Tarn,	346,614	2,851,000	8 21	5	3	1	4	480	1920
79	Tarn-et-Garonn.,	242,184	2,771,000	11 45	4	2	1	3	640	1920
80	Var,	323,404	2,623,000	8 12	5	3	1	4	480	1920
81	Vaucluse,	246,074	1,812,000	7 77	4	2	1	3	480	1440
82	Vendée,	341,312	2,273,000	7 93	5	3	1	4	480	1920
83	Vienne,	288,002	2,164,000	7 50	5	3	1	4	480	1920
84	Vienne (Haute-),	293,011	1,708,000	5 83	5	3	1	4	400	1600
85	Vosges,	411,034	2,021,000	4 92	5	4	1	5	320	1600
86	Yonne.	355,237	3,154,000	8 90	5	4	2	6	560	3360
TOTAUX.		33,540,910	284,962,000	8 50	459	335	157	492		252,440

(*) La population du Morbihan étant très-rapprochée de 450,000 âmes, il convient de lui accorder cinq députés, sous ce rapport; et ce dernier chiffre étant multiplié par le facteur 1, 3 de la 4ᵉ classe, à laquelle il appartient, donnera 6,5, que par compensation on réduira à 6, nombre actuel de ses députés.

www.ingramcontent.com/pod-product-compliance
Lightning Source LLC
Chambersburg PA
CBHW060622050426
42451CB00012B/2377